JN439679

한국작가 작품선 · 56

한강변의 봄맞이

한강변의 봄맞이

원용우 제7시조집

동행

自序

시조를 잘 쓰려면 말을 잘 부릴 줄 알아야 한다.

많은 분들에게 좋은 평가를 받는 작품들은 이 말을 갈고 닦아서 교묘하게 잘 부려서 썼다는 것을 확인할 수 있었다.

그런데 그 말을 잘 부려서 쓰는 작업이 쉽지 않다. 잘못하면 말을 잘 부려서 쓰는 것이 아니라 말장난하고 있는 경우를 보게 된다. 말을 잘 부려서 쓴 작품과 말장난을 한 작품은 확연하게 구별되어야 한다.

누군가 시인을 '언어의 마술사'라 한 이가 있다. 그것은 남들이 흉내낼 수 없을 만큼 말 가지고 묘기를 부릴 줄 아는 사람이란 뜻이다. 말을 자유자재로 주무를 줄 아는 사람을 의미하는 것이다.

앞으로 이런 점에 유의하면서 좋은 작품을 쓰고 싶다.

2012년 5월 15일

구의서실에서 耀娟 志

Contents

2 일모(日暮)에

Contents

Contents

1

다시 거울 앞에서

어느 여인(女人)

눈 감으면 떠오르고
눈 뜨면 텅 빈 하늘

지워도 지워지지 않는
가슴 속에 피어난 꽃

봄 가고
가을도 가고
겨울에도 핍니다.

(2010. 4. 15)

그대 생각

구들을 지고 누워도
천리 밖 마음은 가고

일어나 염불하여도
먼저 오는 보살 얼굴

가셔도
가신 게 아녀
오셔도 오신 게 아녀.

(2010. 4. 16)

상념(想念)

이리 뒹굴 저리 뒹굴
구들장 지고 누워

지나온 날 돌아보고
다가올 날 점쳐보는

상념의
낚싯대 끝에
매어달린 눈물방울.

그토록 그리운 이들
다 어디로 떠나가고

빈 방에 채운 공허가
켜켜이 무거운데

슬며시
문을 열고서
들어오는 저녁바람.

(2010. 8. 16)

겨울 풀

삼동의 샛강 건너 새봄을 기다린다
아비가 자식 낳고 자식이 그 자식 낳듯
제 한몸 땅에 묻으며 씨앗 틔울 꿈꾼다.

봄, 여름 벌써 지나 가을 또한 이미 지나
남들은 두꺼운 옷 껴입고도 추운 겨울
짓밟힌 목을 내밀고 끈질기게 살아간다.

삭정이 같은 몸을 바람에 내맡긴 채
양지 쪽 작은 햇귀 은혜로 받자옵고
감사의 기도 올리는 민초(民草)의 눈은 밝다.

(2009. 2. 3)

나이가 들면

산 사람 아닐 거야 산 귀신 다된 거야
상대가 말 안 해도 눈짓으로 짐작하고
꽃 피고 잎 지는 소리 헤아리며 살아간다.

웃으면 같이 웃고 울며는 같이 울고
알아도 모르는 척 갈기면 한 대 맞고
화날 땐 큰 소리 대신 풀잎처럼 눕는다.

재미야 별 것 있나 쓴 소주 가끔 하고
누군가 불러주면 고맙다고 같이 먹고
혼자가 힘겨울 때는 여자 손목 잡아본다.

(2010. 8. 26)

세월은

잡아도 잡히지 않고 놓아도 놓치지 않는
그 열차 함께 타고서 먼 길 가는 나그네
어디가 종착역인지 모르면서 그냥 간다.

왜 가는 건지 안 가면 안 되는 건지
그마저도 모르면서 뒤따라 가다 보면
무거운 짐을 지고서 고개 넘을 때도 있다.

앞서 간 이들은 어디쯤 가고 있는지
세월의 끈을 잡고서 열심히 가다 보면
서서히 무대 뒤편으로 밀려나는 배우된다.

(2008. 5. 12)

당신 생각

호박꽃 피던 얼굴
갈대머리 덮어 쓰고

향보다 고운 마음
펼쳐 보지 못한 나래

무심(無心)한
바람이었나
장명등(長明燈) 홀로 밝다.

(2011. 3. 24)

장독대

뒤란의 장독대엔
장항아리 다섯 개

어머니 정성이 담긴 크고 작은 그 모습

만삭의
잉태한 오남매 찍어둔 사진이다

(2011. 7. 25)

다시 거울 앞에서

아무리 바라보아도 나 같지 않은 내가
두 눈을 바로 뜨고서 뚫어지게 보고 있다

저처럼 늙은 사람이 왜 내 앞에 섰지.

학교를 다닐 때는 연애 한번 못해 보고
직장을 다닐 때는 큰소리 한번 못 쳐보고

용케도 살아왔구나 얻어맞고 터지고.

거울 앞에 섰는 사나이 또 어떻게 달라질지
마침표 붙여보고 쉼표도 찍어 본다

언젠간 읽을 맛나는 시조 한 편을 위하여.

(2010. 8. 15)

일상(日常)

오늘도 감사한 마음 가득 싣고 출발한 날
만나고 헤어지고 가진 돈 써버리고
헛웃음 허공에 날리며 돌아온 나의 둥지

아내는 어디 가고 빈 방문만 열리나
매달린 형광등처럼 매달려 사는 일상(日常)
놓치지 않기 위하여 혼자 밥을 삼켰다

그 무슨 보물 찾나 책장 자꾸 넘기고
고독을 친구삼아 그려보는 지난날의 사랑
조용히 눈을 감는다 내일을 위한 기도

(2011. 10. 3)

흑룡(黑龍)의 해

절에 가선 절해 보고 교회 가선 예배 보고
신선들 모여 사는 자미국도 가 보았다
이래도 되는 게 없고 저래도 되는 게 없네

시조는 나의 소망 오늘도 씨름하고
이사장 선거라고 전화통에 불난다
사는 게 별것 아니어 그렁저렁 가는 세월

그래도 살맛 난다 헤어지고 만나고
임진년 흑룡의 해 거리를 활보한다
무언가 잡힐 것 같아 두 손을 움켜쥔다.

(2012. 1. 21)

고향 하늘

눈 감으면 보이는데 눈 뜨면 사라지고
애타게 그리워도 목메어 불러봐도
신묘년 섣달 그믐날 인경만 울어댄다.

마음먹고 달려가면 한두 시간 거리인데
하얀 눈 내리는 밤 하얗게 지새우며
유년의 고향 하늘을 둥그렇게 그려본다.

이맘때 달린 고드름 지금도 열렸는가
반기시던 어른의 소식은 아득하고
여명의 발자국 소리 희망 싣고 달려온다.

(2012. 1. 24)

허일(虛日)

세월이 가는 건지 나이를 먹는 건지
지난 길 아득하고 갈 길 얼마 남았는지
가만히 앉아 있어도 앞으로만 가는 수레

오늘도 큰맘 먹고 큰일 한 번 하려 했다
큰일은 그만두고 작은 일도 못한 허일(虛日)
죽지를 늘어뜨리고 둥지를 찾아간다

빈손으로 가는데 마음은 더 무겁고
반겨 줄 이 없는데 발걸음 재촉한다
무심히 떠도는 구름 무심히 지나는 얼굴

(2012. 1. 25)

입춘(立春) 이후

봄을 세웠다지만 추위는 후퇴(後退) 않고
애타게 기다리던 희소식만 멀리 갔나
빈 방에 쌓인 적막(寂寞)이 무섭게 다가온다.

매화는 어디 피고 시인은 어디 갔나
내 가슴 두드리던 문풍지 소리 그립다
화롯가 둘러앉아서 이야기꽃 피운 유년(幼年).

외로움도 지나치면 그리움이 되는 걸까
마음의 불씨 지펴 마지막 태울 사랑
다가올 봄을 그리며 행간(行間)을 메꿔본다.

(2011. 2. 13)

시조의 길

내가 가는 길은 자나 깨나 시조의 길
가다가 쓰러지고 쓰러졌다 일어서고
아리랑 고개 넘는다 도포에다 삿갓 쓰고

시작은 있었지만 끝 안 보이는 구도의 길
시조를 쓰는 게 아녀 시조교를 믿는 거다
땀 흘려 오르는 산행 잠시 쉬어 가는 쉼표

밤새워 기도하다 감격의 눈물 흘리고
앞서 간 이 밀어주고 뒤 오는 이 끌어준다
화선지 펼쳐든 날에 묵향(墨香) 짙게 풍긴다

(2012. 1. 23)

고희의 날들

어려서 바라볼 땐 까마득히 멀고 큰 산
이제는 나도 모르게 그 산 이미 넘는 산인(山人)
무거운 어깨의 짐은 어디까지 지고 가나.

그 동안 앞만 보고 미련하게 달려왔지
잠시만 숨 돌리고 옆도 보고 뒤도 보자
다가올 고희의 날들 친구 함께 걷고 싶다.

산처럼 듬직하고 강물처럼 유순하게
때로는 뻐꾸기처럼 뻐꾹뻐꾹 노래하고
희망봉 정상 올라가 젖은 땀도 식혀 보자.

(2010. 8. 23)

강가에서

왜 가야 하는 건지 살아야 하는 건지
모르면서 흘러간다 세월에 떠밀려서
큰 수레 바퀴 구르듯 굴러가는 저 강물.

어제 살았던 몸이 오늘의 내가 아니듯
지금 바라보는 저 물도 어제의 물 아니다
열심히 경을 외면서 제 갈 길만 가고 있네.

강물은 할 말 있어도 그냥 참고 흐른다
세상이 몇 번 바뀌어도 눈 하나 까딱 않고
즐겁게 노래 부른다 장단 맞춰 이는 바람

(2007. 10. 6)

늙음

먹고 싶지 않아도 나이는 자꾸 먹고

쓰고 싶지 않아도 흰 머리 쓰고 산다

기울고 싶지 않아도 비스듬히 기운 세월

(2009. 7. 16)

독도

어미 곁 떠난 고아 나이마저 잊은 세월

먼 하늘 바라보며 그리움의 노래한다

어머니 우리 어머니 울릉도는 나의 형님

(2012. 3. 1)

봄의 문턱에서

반겨줄 이 없어도 봄은 기다려지고
오라는 이 없어도 거리에 나서본다
춘신(春信)을 전하는 바람 고개 드는 나무들

동장군의 여세가 남아도는 춘한(春寒)
옛 애인 생각난다 목련꽃 보고 싶다
묵은 때 벗은 사람들 발걸음도 가볍네

봄처녀 찾아오심 마음으로 느끼는가
햇살은 따스하고 먼 산빛 부드럽다
반갑게 웃는 얼굴들 불그레 취한 구름

(2012. 3. 3)

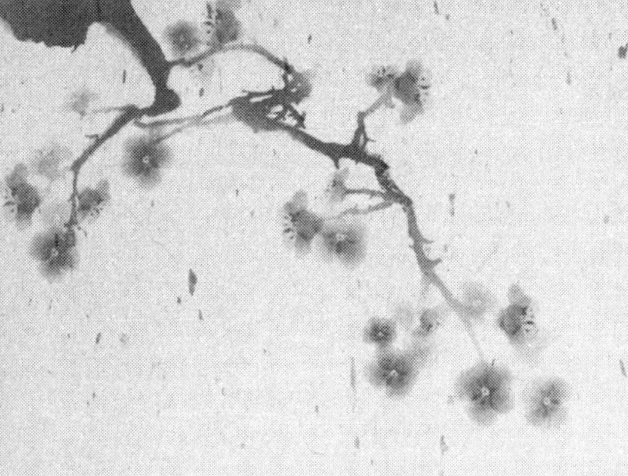

2

일모(日暮)에

풍경 | 쌍계사(雙磎寺) | 기축년(己丑年) 추석에 | 농부·2 | 유채꽃 밭 | 그리움은 | 낮달 | 노숙자 | 겨울해 | 고희 고개 | 책장을 넘기면서 | 가로등·2 | 일모(日暮)에 | 노인(老人) | 사립문 | 초승달 | 나팔꽃 | 어느 겨울날 | 설날 | 한여름에

풍 경

풍경은 어디가 아파
뎅그렁 우는 걸까

가슴에 맺힌 앙금을
풀기 위한 저 몸부림

중생의 무거운 짐까지
혼자 지고 매달렸나.

낮이나 밤이 되나
스스로 우는 계율(戒律)

천근(千斤) 고요 속으로
빠져들 때가 있다

이럴 때 찾아오시는
부처님 발자국 소리.

(2009. 2. 5)

쌍계사(雙磎寺)

절 안에 들어서니
세상 번뇌 씻어졌다

들리는 목어(木魚) 소리에
막힌 귀가 뚫리었다

연꽃은
연꽃이로되
쌍계 위에 핀 연꽃.

(2010. 5. 2)

기축년(己丑年) 추석에

부르지 않았는데 추석은 찾아와서
나이는 먹었어도 동심(童心)으로 돌아가서
꿈 많던 그 시절처럼 하늘나라 날고 싶다.

그래도 웃으시며 중천에 뜬 한가위 달
우러러 바라보면 고향 마을 떠오르고
뒷골목 달리던 소년 눈에 삼삼 떠오른다.

솔 냄새 솔솔 풍긴 송편도 안 보이고
그 송편 빚으시던 어머님은 어디 가고
고희를 넘긴 사내가 홀로 길을 걷는다.

(2009. 10. 5)

농부 · 2

오늘도 밭을 간다 가난한 농부되어
아무리 밭을 갈아도 부자가 안 될 줄을
잘 알고 있으면서도
신께 드리는 기도여.

봄에는 씨앗 뿌리고 가을에 거둬들이고
오로지 이 일 위해 태어난 사도(使徒)처럼
묵정밭 일궈 가면서
이삭이나 줍는다.

신발 끈 조여매고서 마음의 밭을 간다
알곡은 어디로 가고 잡초만 무성한가
서산(西山)에 해는 지는데
쓸쓸한 바람 부네.

(2008. 4. 11)

유채꽃 밭

아마도 유치원 애들
봄소풍 가나 보다

일제히 노랑 모자 쓰고
발 맞춰서 걸어간다

어느새 작은 강 되어
흘러가는 물소리.

(2009. 1. 15)

그리움은

꽃구름 같아 바라보면 황홀하고
나이와 상관없이 걸리면 끌려 다니고
황소가 끌려다니 듯 끌려다녀도 좋은 병.

젊은이여 그대들도 나이 먹으면 안다
칠십 노인 가슴 속에 보석 하나 묻고 산다
무덤에 들어가서도
지니고 사는 소장품(所藏品).

때로는 가슴 설레고 때로는 타들어 가고
꿈속에 나타났다 깨어나면 사라지고
참으로 묘한 것이여 풀리지 않는 매듭.

(2010. 8. 28)

낮달

무엇이 급하신지 뒤돌아보지 않고

떠나신 어머니가 가슴 답답하셨나

구름 문 열어젖히고 얼굴 잠깐 내미셨네.

(2009. 1. 12)

노숙자

지하도 한 구석에 웅크리고 앉은 부처

절간인 양 착각하고 가부좌하고 앉았다

전생의 무거운 짐을

혼자 지고 가는 고행(苦行).

(2009. 1. 11)

겨울 해

나이는 먹었어도
새봄은 기다려지고

올 사람 없는데도
눈을 들어 먼 산 보니

눈발만
휘날리면서
겨울 해가 저문다.

(2009. 1. 17)

고희 고개

이순 고개 이미 넘어 고희 고개 들어서니

다리에 힘은 없어도 발걸음 빨라진다

빨갛게 물든 단풍이 너무 고와서 서럽다.

(2009. 1. 25)

책장을 넘기면서

오늘은 할 일 없이 책장을 넘겨본다
시키지 않는 데도 이제는 도가 터서
밥 먹고
넘기다 보면
따라오는 오만 생각

이렇게 넘기다가 칠십 고개 넘어가네
구름도 넘어가고 육자배기 넘어가네
그래도
안 넘어가는
그리움의 색지(色紙) 한 장

(2009. 10. 4)

가로등 · 2

황새가 먹이 찾듯 긴 목을 빼들고서
누구를 기다린다 비가 오나 바람 부나
오라는 사람 안 오고
고독만 밀려오는 밤.

쌍심지 켜들고서 샅샅이 살펴보다
혹시나 놓칠까 봐서 밤을 꼬박 새운다
가슴을 쥐어뜯으며
애태우는 공규(空閨)여.

(2008. 4. 22)

일모(日暮)에

축구 경기장에서 헛발질하는 선수처럼
오늘도 헛 시간 보내며 하루해를 접는다
떠오른 고향 달처럼
떠오르는 당신 얼굴

낚싯대 드리우고서 오랜 시간 기다렸다
아무리 기다려도 잡지 못할 헛심이지만
생각이 익어갈수록
반짝이는 저 별빛

해는 이미 서산에서 종을 치고 있는데
지나온 길 아득하고 갈 길은 더 바쁜데
먼 하늘 외기러기가
자꾸 슬픔 보탠다.

(2008. 5. 1)

노인(老人)

동에서 서쪽으로 먼 여행 떠난 햇님

은하수를 건너고 아리랑 고개 넘더니

이제는 서산마루에 앉아 가쁜 숨을 고른다.

(2009. 1. 9)

사립문

구름도 쉬어가고 바람님이 드나들던

이 집을 지키느라 삭신이 늙어갔다

웃음 띤 아버님 얼굴 보여주는 사진 한 장.

(2009. 1. 14)

초승달

황진이는 가셨어도 영혼은 하늘에 올라

눈썹을 그려놓고서 보란 듯이 자랑한다

눈웃음 살살 치면서 은하수 건너간다.

(2009. 9. 20)

나팔꽃

졸업 앞둔 여고생들 아침 일찍 나와 있다

속마음 모르지만 겉으로는 웃는 얼굴

시 한 수 외는 소리가 가슴까지 울린다.

(2009. 1. 26)

어느 겨울날

전화 한 통 없고 찾는 이도 없는데

추위만 찾아와서 기세등등 덤벼든다

아무리 밀쳐내어도 또 달려드는 무뢰한(無賴漢).

(2009. 1. 24)

설날

빙글빙글 돌아가는 회전목마 탄다 해도
시작이 끝이 되고 끝이 다시 시작되는
거기에 금 하나 긋고
새해라는 옷 입힌다.

아무리 돌고 돌아도 멈출 줄 모르고
출발선에 다시 오면 나이테를 더한다
영어의 악센트처럼
악센트를 주는 설날.

세월의 열차를 타고 또 다시 떠나 보자
갈수록 숨 가쁜데 가속도가 붙는구나
그래도 거울 앞에서
옷깃 바로 여며본다.

(2008. 2. 14)

한여름에

가만히 앉아 있어도 땀이 솟아오르는 날
무거운 죄의 짐을 벗지 못해 벌 받는가
바람도 숨죽이고서
조용히 엎드렸다.

그래도 가야하는 게 인생길 아니더냐
덥다고 아니 가고 가쁘다고 멈추지 못해
떠밀려 떠밀려 가니
서산에 해 기운다.

앞서 가던 친구 더 앞에 가고 있고
손 잡고 걷던 짝궁 손 놓쳐서 안 보인다
저 멀리 외딴 섬 하나
손짓하는 한여름에.

(2009. 8. 3)

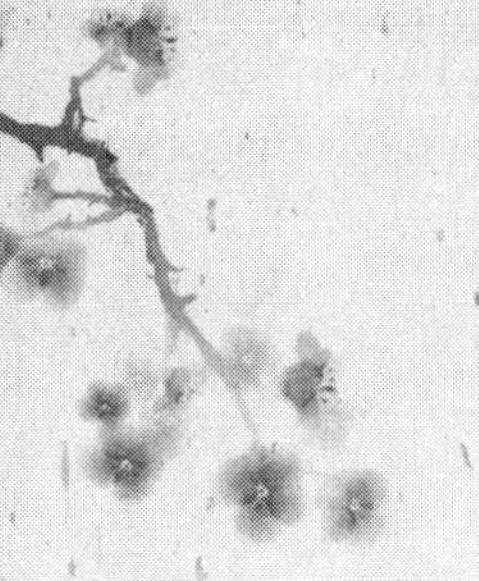

3

이순(耳順) 고개

문우회에 다녀와서

오늘은 시조문우 사람 만나러 가는 날
특별하지 않은 사람 특별히 만나는 날
시름은 한 겹 접고서 웃음꽃 피우러 간다

반갑다 손 흔들고 즐겁다 잔 돌리고
고픈 배 채워 주고 속엣말 토해 주고
문향(文香)이 일렁이는 밤 시정(詩情) 또한 익어간다

봄바람에 실려가서 달바람에 돌아왔다
풀리는 가슴 자락 흔들리는 나의 갈길
이래도 새봄은 오고 저래도 사랑은 가고

(2012. 3. 5)

시조 나무

-時調生活 創刊 二十周年에 부쳐

시조생활 태어난 지 이십 년이 되었다네
사람도 이십 세면 성년(成年)이라 일컫는데
성년된 시조 나무가 푸른 하늘 흔든다.

시 나무 수필 나무 종류도 많다지만
조선사람 같은 나무는 오로지 시조 나무
봉래산 높은 봉 위의 청솔나무 되었구나.

가지는 높게 뻗고 뿌리는 깊이 박혀
비바람 세게 불고 쓰나미 온다 해도
그 위기 잘 이겨내시고 일취월장(日就月將)하리라.

(2009. 7. 28)

순풍에 돛을 달고서

–전규태 박사님 팔순에

팔십 리는 왔는데 몇 십리 남았는가
가시밭 자갈밭 길 산 넘고 강 건넜다
시조봉(時調峰) 올라갔을 때 맛보셨던 쾌감이여

도공이 흙을 빚어 청학(靑鶴)을 새겨 넣듯
임께서 말을 빚어 꽃밭을 가꾸셨다
피운 꽃 수만 송이가 하늘 향해 웃고 있네

책으로 숲 이루고 그 숲속 거닐면서
쌓으신 학문의 탑 우러르기 힘드네
순풍에 돛을 달고서 남은 여정(旅程) 완주하소서

(2012. 6. 3)

탈북자

봄은 모르는 사이 슬그머니 오고 있고

겨울은 뒤돌아보지 않고 서둘러 떠나는데

오지도 가지도 못해서 만주벌 떠도는 바람

(2012. 3. 10)

부석사(浮石寺) 유감(有感)

오월의 신록 바람 가슴에 부여 안고
극락으로 가는 길 돌계단을 올라본다
지은 업 벗지를 못해 팔다리는 무겁고

단청은 낡았어도 불심(佛心)은 도타운가
엎드려 절하는 이 도량에 가득 찼다
지긋이 눈을 감고서 미소짓는 큰스님

석등(石燈)은 한낮에도 무량수전 밝히고
선묘의 깊은 사랑 부석(浮石)은 들떠 있다
지나온 천년 세월을 받치고 선 배흘림기둥

(2012. 6. 3)

불면 · 2

잡초처럼 번지는 생각 뽑을수록 돋아나서

캄캄한 겨울밤을 하얗게 새우고 있다

고장난 벽시계처럼 멈춰 선 시그널이여.

(2009. 1. 25)

문경 새재

한동안 격조했던 어르신 찾아뵙듯
새재님 만나뵈러 바람 타고 달려갔다
죽지를 활짝 펴고서 날아갈 기상이다

오르고 또 올라도 다 못 오를 하늘 고개
너와 나, 우리 사이를 이어주는 제일관문
숲속에 가려 있어도 살아서 숨을 쉰다

재보다 넘기 힘든 꿈을 지고 넘던 이들
가슴에 등을 달고 이 길을 밝혔으리
빈 골짝 허한 둘레에 봄기운만 가득하네

(2012. 3. 13)

마라도 시편

제주는 어미이고 마라는 자식인가
서로가 그리워서 애타게 불러봐도
바다를 사이에 두고 울부짖는 파도여

어미는 발돋움해 일어서는 산방산(山房山)
자식은 날고 싶어 갈매기로 끼룩댄다
희소식 전해 주시는 연락선 뱃고동 소리

밤하늘 반짝이는 별을 보며 위로삼고
낮에는 뭍의 사랑 찾아와서 벗해 준다
버리고 버려진 사람들 슬픔으로 뜨는 등대

(2011. 2. 24)

조지훈 선생

콩 심은데 콩 나고 팥 심은데 팥 나듯이
선비의 집안에서 큰 선비 다시 난다
문필봉(文筆峰) 바라보면서 태어나신 신동이여.

농부가 밭 갈 듯이 시전(詩田)을 일구었고
높은 탑 쌓아올리듯 쌓아올린 학문 업적
너무나 눈이 부셔서 바라보기 힘든 원광(圓光).

일제의 사슬 아래서 영어(囹圄)의 몸 되었고
4.19 함성 속에 자유의 깃발 꽂았는데
지금은 영양골 생가 밤하늘의 별로 뜬다.

(2008. 6. 18)

모기 · 2

여름밤이면 찾아오는
반갑지 않은 손님

한바탕 싸워야 한다
모기들과의 전쟁

사람의 피 빨아먹는
무서운 흡혈귀여.

태생이 공격형이라
조심하는 찰나에

아마도 가까운 곳에서
불이라도 났나 보다

갑자기 소방차 한 대가
앵앵거리며 지나가네.

(2008. 5. 12)

어느 오후

시조 한 수 낚으려고
낚싯대를 드리운 오후

잡으려는 물고기
끝내 물리지 않고

시간만 줄줄이 묶여
허연 뼈를 드러낸다.

도를 닦는 심정으로
낚시질해 보지만

정성이 부족한지
헛입질 하고 있다

빈 망태 들고 앉아서
저녁 해를 바라본다.

(2008. 5. 4)

못

박힐 줄만 알았지
뽑힐 줄은 몰랐다

이 벽에도 박아 보고
저 벽에도 박다 보면

죄 없는 남의 가슴에
박을 때도 있었다.

그 못이 아픔인 줄
나는 더욱 모르고

오늘도 망치 들고서
여기저기 박아댔다

함부로 입 놀린 죄가
피멍 들어 있었다.

(2007. 9. 26)

소나무를 보면서

언제 보아도 그 자리에 장승처럼 박혀 있다
이 길로 저 길로 찾아 헤매지 않고
선현(先賢)의 뒤를 따라서 한 길만 가는 선비님.

남들은 잘 보이기 위해 화려한 변신하지만
추우나 더우나 비바람 몰아치는 날도
굽힐 줄 모르는 기개 사육신의 넋을 본다.

나무가 되려거든 소나무쯤 되어 봐라
하늘을 닮기 위해서 무한 기도 올린다
하늘로 머리를 두고 천부경(天符經)을 외운다.

(2008. 8. 8)

이순(耳順) 고개

수많은 고개고개 넘고 또 넘었건만
마지막 가파른 길 오르기 힘든 이순 고개
정상이 빤히 뵈는데 주저앉을 것만 같다.

불의의 사고 당해 부모님 다 가시고
그 뒤를 따라 가신 임이 야속하다
그렇게 당하고서도 불러보았던 불굴가(不屈歌)여.

팥죽 끓는 것처럼 소용돌이친 캠퍼스는
속에는 칼날 품고 겉으론 민주의 가면 쓰고
날마다 팔뚝질하면서 무법천지 만든 홍위병들.

학과는 학과대로 갈라져서 싸움하고
머리띠 두른 학생들 총장실 점거한다
세월도 거꾸로 흘러 과거사 타령만 한다.

(2008. 6. 21)

초여름 서정

초록 옷 입은 산야 싱싱한 영기 돈다
그 가운데 그림처럼 다소곳한 농가 마을
서로가 이마 맞대고
평화회담 하고 있다.

희망의 싹이 크듯 벼포기는 자라고
좋은 때 기다리듯 세월 낚는 백로여
조는 듯 깨어 있는 듯
묵상하는 노불(老佛)님.

푸른 치마 걸치고 의연히 서 있는 앞산
시집살이 한을 삼킨 청상과부의 넋이런가
애타게 임을 부르듯
뻐꾹 뻐꾹 울고 있다.

(2008. 6. 27)

내 방은

내 방은 내가 사는
나만의 작은 우주

밤하늘 별이 뜨듯
오만 생각 떠오르고

한번쯤
탈출하려도
궤도(軌道) 밖을 못 나간다.

(2012. 3. 20)

이어도

얼굴을 가리우고 응아 소리 못 지르고

어머니 뱃속에만 자리 잡은 우리 아기

어엿한 대한의 아들로 출생신고 바란다.

(2012. 3. 24)

뿌리 공원

나무는 보지 않고 뿌리 보러 여기 왔네
뿌리가 잔뜩 모여 뿌리 마을 이루었네
너무나 큰 뿌리들이 하늘 향해 웃는다.

신라 때 생긴 뿌리 고려 때 갈린 뿌리
그렇게 긴 뿌리들 장강(長江)되어 흘러간다
충효(忠孝)의 배 띄우고서 먼 바다로 향한다.

뿌리를 알기 위해 나무들이 찾아오네
이씨나무 김씨나무 심지어 원씨나무
돌 위에 새긴 뿌리가 튼튼하게 자란다.

(2009. 5. 17)

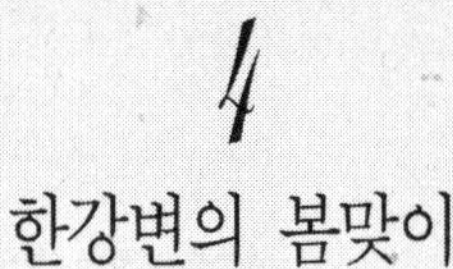

한강변의 봄맞이

무슨 벽

우리 가는 길에 무슨 벽이 그리 많나
반도의 한 허리를 동강 자른 휴전선 벽
하늘도 갈라놓아서 비행기가 못 넘는다.

세상엔 벽도 많지만 그런 벽은 난생 처음
자그만 다람쥐 새끼 연일 넘나드는데
그 잘난 조선 사람만
넘지 못하는 하늘 벽

철조망은 녹슬어도 부모형제 못 만나고
산하는 푸르러도 등 돌리고 앉았구나
속으로 곪아 터지는
응어리가 박힌 벽.

(2007. 6. 1)

이 벽

누가 이 벽 쌓아놓고 삼팔선이라 이름했나
쌓은 이 따로 있고 고통 받는 이 따로 있네
새들은 넘나드는데 오고 가지 못하는 조선인.

목숨을 내어놓고 그 벽 넘어 월남한 이들
아이는 노인되고 노인은 꽃이 되었나
임진강 폐허의 들녘 울긋불긋한 야생화여.

이 벽은 세월 가도 녹슬지 않는 철벽
두 발을 동동 구르며 통곡해야 할 절벽
하늘은 아는지 모르는지 구름만 흘러간다.

(2007. 10. 6)

이상한 벽

원래 쌓은 벽은 무너지기 마련인데
육십 년 세월 가도 무너질 기미 안 보여
갈수록 키가 자라는 나무 같은 이상한 벽.

하늘도 제 정신 아녀 북녘에는 겨울만 있고
시절 따라 봄은 와도 오곡백과 자라지 않는다
인민들 배가 고파서 만주벌판 떠도는 별.

누가 이 좋은 땅에 불장난을 하려는가
불장난 부추기며 편 가르기 좋아하는가
봄밭에 뿌린 씨앗을 거둬들일 가을 있다.

(2007. 6. 3)

벽 쌓기

혈연은 무엇이며 지연은 무엇인가
핏줄은 핏줄끼리 모여 살아야 된다고
강물은 저렇게 외치면서 이 밤 흘러간다.

잘난 이는 잘난 대로 벽 쌓기 좋아하고
못난 이는 못난 대로 벽 쌓기 즐겨한다
남북이 높은 벽 쌓더니
동서가 따라서 하네.

아버지가 쌓은 벽은 구수한 황토 흙벽
자식이 쌓은 벽은 매캐한 시멘트 벽
서로가 다른 벽 쌓는
일에 너무 익숙해졌다.

(2007. 9. 5)

운명의 벽

사람이 살다 보면 벽을 만날 때 있다
아무리 피하려 해도 다가오는 운명의 벽
그 벽을 넘고 넘어야 사람다운 사람된다.

벽을 넘는 일이 쉽지만은 않다지만
다람쥐 재주 넘듯 넘는 연습해야 한다
넘다가 넘어져 봐야 알게 되는 세상의 벽.

벽을 넘지 못해 땅을 치며 운 사람 있지만
그래도 벽을 만나야 사람 사는 재미있다
그 재미 맛보기 위하여
아슬아슬 넘어간다.

(2007. 10. 9)

마음의 벽

내 유소년 시절 아버지 보면 벽을 느꼈다
그처럼 가까운 사이 무슨 벽이 있을까마는
눈에는 보이지 않는데 가로놓인 마음의 벽.

아버지는 조선시대 삿갓 쓰고 도포 입고
나는 육이오 이후 작업복에 운동화 신고
도포와 작업복 사이에 벌어졌던 생각의 벽.

시대는 달라져서 자식과도 벽이 생겨
아무리 좋은 말 해도 수구꼴통 소리 듣고
서서히 지는 해처럼 무대 뒤로 밀려난다.

(2007. 9. 15)

장벽

그 동안 살아오면서 넘은 벽이 몇이런가
산 너머 산이 있듯 넘고 또 넘었건만
먼발치 산기슭 아래 우뚝 솟은 석벽(石壁)이여.

크고 작은 장벽들이 눈앞을 가로막을 때
넘다가 떨어져서 뒹군 적도 있었지만
재기의 팔을 걷어붙이고
올라섰던 고개 마루.

장애물 넘는 선수처럼 넘는 연습 많이 했다
그 연습 되풀이하다 하늘 보고 운 적 있고
스치는 가을바람에
가냘프게 떨기도 했다.

남은 장벽 넘다보면 해도 마저 질 것 같고
그래서 달이 뜨면 달 따라 동행할 거다
그 옛날 이태백이 놀던
시를 쓰는 보름달.

(2007. 10. 20)

말복을 지내며

그 언제 한 여인을 이리 사랑했었던가
당기고 끌어안고
붙어 앉아 사랑하는
선풍기
도는 소리에
말복 고개 넘어간다.

잠시만 안 보여도 아내 찾듯 찾아내고
나만의 사랑 위해
쉴 틈 주지 않는다
남이야
어찌되었든
신바람나는 세상.

(2010. 8. 11)

패랭이꽃

백마고지 전투에서
흘리셨던 혈흔(血痕)인가

밤새워 밀고 당기고
전진 후퇴 거듭하다

마지막 숨을 거두며
산화(散華)해 간 넋이여.

(2009. 1. 18)

한반도

어머니가 허리띠를 너무 졸라 매었구나

동맥경화 걸렸는지 피가 돌지 못한다

명의(名醫)는 어디로 가고 돌팔이 웃는 세상.

(2009. 1. 21)

2009년에

작년엔 광우병 소동 광화문이 들썩했고
금년엔 노통 서거 노란풍선 뒤덮혔다
때 아닌 미디어법이 쇠죽 끓듯 들끓는다.

이천 년 새 하늘 열고 아홉 바퀴 굴러왔네
바람이 따로 있느냐 바람처럼 살아왔네
윈 수레 오른 수레바퀴가 덜커덩 덜커덩한다.

강물의 흐름 보면 굽이굽이 돌아간다
사람도 별것 아녀 돌고 도는 우리 세상
한 발짝 뒤로 물러서면 열 발짝 나간다.

(2009. 7. 27)

평화의 아들

이끼 푸른 광진 집에 큰 아이 태어난다
태어나자 기어 다니고 뛰어다닐 그 신동(神童)
이름도 평화의 아들 종소리가 울린다.

하늘에는 오색구름 사시사철 일어나고
땅에는 생명수가 강물되어 흐른다
봄날의 따스한 햇살 함초롬히 내리는 날.

성품은 대나무 같아 쭉쭉 뻗는 기상이고
장차는 삼신산 위 낙락장송 되리라
너와 나 손에 손잡고 웃음꽃 피우리라.

옥동자 태어난다고 찬송 소리 들린다
옥수수 길로 크듯 무럭무럭 자라서
끊어진 허리 잇고서 승전고를 울리리라.

(2009. 6. 23)

선풍기를 돌리면서

달면 삼키고 쓰면 뱉는 습성(習性)처럼
더우면 끌어안고 서늘하면 내던진다
흥부는 바보가 아니라 선한 인간이었다.

싫다고 내칠 때도 불평 한마디 없고
좋다고 가까이 하면 있는 충성 다한다
날씨가 푹푹 찔 때는 내가 먼저 아양 떤다.

돌아라 돌아라 팽이처럼 돌아봐라
이 세상 돌아가는 게 미친 듯 돌아간다
아마도 너를 닮아서 촛불 시위하나 보다.

(2008. 7. 7)

강변역 부근

어디로 가는 건지 파도치며 지나간다
그 물결에 자그만 내 떠밀리듯 휩쓸리면
서로가 낯설긴 해도 옷깃 스치는 이가 있다.

너무 자란 아파트가 갈 길을 막아서고
바라보면 볼수록 오므라드는 나의 마음
하루의 피로가 쌓인 그림자가 무겁다.

어스름 달빛 아래 생기 도는 포장마차
오가는 한 잔 술에 인생도 오고 간다
안주를 씹을 때처럼 우러나는 삶의 맛.

전철은 신바람나서 세월 타고 달린다
무수한 사람들을 삼켰다가 토해 낸다
제 할 일 하는 거라고 기염 토하는 소리.

(2008. 7. 5)

6월의 언덕에서

초록 물이 뚝뚝 듣는 6월의 언덕에 서면
사라졌던 포연(砲煙) 냄새 불길처럼 번져오고
그날의 피바다처럼 붉게 물든 저녁놀.

갑자기 달라진 세상 토끼처럼 놀란 눈망울
들려오는 인민군가 뭔지 모르고 따라 하고
연로(年老)한 할아버지한테 동무라 불렀던 어리석음.

무엇이 짓누르는지 머리 항상 무거웠고
입은 달려 있어도 벙어리가 돼야 했다
어둠의 긴 터널 속에서 신음했던 생령(生靈)들.

밤낮이 서로 다르듯 너무 다른 바람 앞에
애꿎은 풀과 나무들 뒤엉켜서 쓰러졌다
유엔의 깃발 아래서 다시 찾은 밝은 하늘.

(2008. 6. 22)

꽃비

황사가 잔뜩 끼고 바람마저 시린 봄날

유리창 닦아내듯 마음의 창 닦다 보면

떨어진 번뇌의 조각들 어지럽게 흩날린다.

(2012. 3. 25)

한강변의 봄맞이

산수유 등불 달고서 다투어 길 밝힌다
묵은 풀 엎드리고 새싹은 고개 들고
기다린 임이 오시나 연실 터뜨리는 꽃망울

강변도 살아 있는지 새로운 몸짓하네
나무는 실눈 뜨고 강물은 꿈틀 대고
분주히 움직이는 소리 눈부신 봄의 소리

봄소식 전해 주는 개나리의 노란 웃음
박토에 뿌리 내린 들풀의 고요한 합성
불씨는 지피지 않아도 온 누리에 번져간다

(2012. 4. 3)

남한강 나들이

바람 타고 달려가니 이포보가 반겨주네
백로 알 줄을 이어 하늘 난간 걸려 있고
살아난 생명수 속에 되살아난 생태공원

세종대왕 계신 옆에 여주보가 자리했네
해시계 물시계에 세종동산 드높아라
대왕의 크신 뜻처럼 넘실대는 여강 물결

아들, 손자 거느리고 강천보로 달려갔다
푸른 물 넘친 호수 은하수로 이어지고
꽃들은 사람 구경하고 사람들은 물 구경하네

(2012. 4. 27)

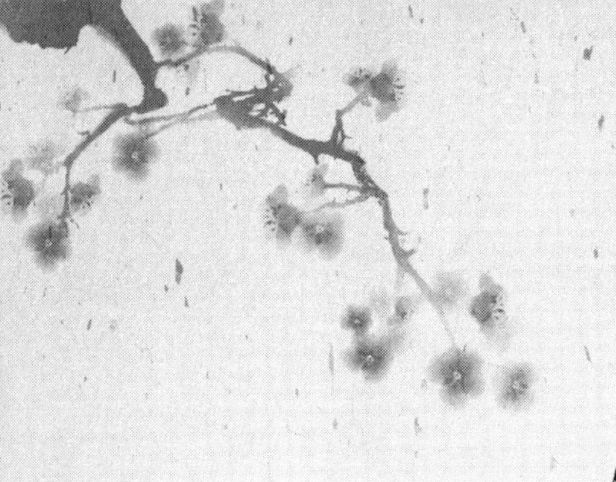

5
아차산과 용마산

모현사에서

관란(觀瀾) 선생 만나뵈러 찾아간 모현사에
봄바람 타고서 온 방방곡곡의 제관들
얼굴엔 봄 꽃물 들어 화기 가득 넘쳤다.

초헌 아헌 잔 올릴 때 선생 자리 하신가
비록 꺾일망정 휘어지지 말라는
충절의 귀한 말씀이 귀를 쩡쩡 울렸다.

선생이 살아계셨던 이 마을 토실에는
골짜기 흐르는 물도 육신가(六臣歌)를 부르고
소나무 거대한 숲에서 호곡(號哭) 소리 들렸다.

(2006. 4. 1)

선운사에서

고해(苦海)의 바다에서 잠시나마 탈출하려
선운사 부처님께 달려가서 경배한다
빙그레 웃으시면서 굽어보는 그 눈길.

무거운 죄의 짐을 조금은 덜어냈나
발걸음도 가벼웁게 돌탑 주위 맴을 돈다
그 정성 감응하듯이 점점 붉는 저녁놀.

내 가슴 울려주는 목어(木魚) 소리 적막 깨고
부연 끝 달린 풍경 천년 한 달래준다
이른봄 잔설(殘雪) 녹듯이 사라지는 번뇌여.

(2006. 6. 15)

백두산을 뵙고

나이는 드셨어도 천년만년 젊으시고
그처럼 젊으셔도 머리 항상 허여시고
머리만 흰 게 아니라 수염도 흰 단군성조(檀君聖祖).

높기로 말하면 너무 높아 못 오르고
크기로 헤아리면 너무 커서 끝 안 보이네
배달의 얼처럼 담긴
천지연(天池淵)의 푸른 물은.

북으론 만주벌을 자비롭게 굽어보고
남으론 한반도를 자식처럼 거느렸네
하늘로 오르는 천통문(天通門)
대문 활짝 열렸다.

(2006. 8. 10)

청류재 수목문학관에서
-꽃과 예술의 만남

미인 선발대회 나가는 아가씨들처럼
요란한 몸짓으로 자랑한다 저 잘났다고
누구를 뽑아야 할지 심사위원 분주하다.

꽃과 나무 어우러져 무릉도원 이루었다
여가수의 노래 소리 낭송가의 낭송 소리
어느새 강물되어서 사월 하늘 적신다.

찾아온 시인묵객 시간 가는 줄 모르고
술에 취해 향기에 취해 시의 고개 넘는다
만발한 꽃밭 속에서 춘향 아씨 만난다.

(2008. 4. 28)

청평사(淸平寺)에서

앞에는 소양호가 뒤에는 오봉산(五峰山)이
그 가운데 청평사가 봉황처럼 엎드렸다
하늘로 날아가려나 빙빙 도는 회전문(廻轉門).

극락전 앞뜰에는 연등(燃燈)이 붉게 타고
중생들의 얼굴에는 웃음꽃 활짝 피었다
자비를 베풀어 주듯 부슬부슬 내리는 비.

구성지게 들려오는 구성폭포의 낙수 소리
낭랑하게 울려 퍼지는 노스님의 독경 소리
부연 끝 풍경(風磬) 소리가 내 가슴 울려주네.

(2008. 5. 20)

김유정역

사람도 개명하기 그리 쉽지 않은데
경춘선 신남역이 그 이름 바꾸었다
새롭게 김유정역으로 그 얼굴을 바꾸었다.

바람만 이따금씩 찾아와 놀던 간이역
때 아닌 관광객들 몰려와서 북적댄다
나무들 새 옷 입고서 손님 맞기 바쁜 봄날.

사람은 이름 바꾸면 팔자가 달라진다
다투어 피는 꽃들이 그 향기가 진동하듯
이 역도 이름 바꾸고서 하늘 높이 올라섰다.

(2008. 5. 22)

김유정 문학촌

신동면 실레마을에 봄꽃이 활짝 피었다
김유정이 뛰어놀던 생가의 마당에도
그 시절 부럽지 않게 온갖 꽃이 만발했다.

외양간엔 옛날처럼 낫과 괭이 걸려 있고
방앗간 디딜방아는 깊은 잠에 빠져 있네
거나한 웃음소리가 들려오는 사랑방.

유정은 어디로 가고 그의 동상만 서 있나
소설 속 남녀 주인공 찾아볼 길 없는데
금병산 푸른 자락에 쑥국새가 울어 옌다.

문학관엔 남긴 유품 너무 없어 썰렁해도
펼쳐진 문학 향기 온 방안을 진동한다
아무리 떠나려 해도 머물고 싶은 문학 마을.

(2008. 5. 24)

아차산과 용마산

아차산은 언제 봐도 고구려 진영(陣營) 같다
낮은 곳은 도열한 군사, 높은 봉은 온달장군
한강을 굽어보면서 호령하는 위엄(威嚴)이여.

삼년 대한 가뭄에도 골짜기 흐르는 물은
평양에서 달려오신 평강공주 눈물인가
아직도 오열(嗚咽)하면서 하염없이 흐른다.

아차산을 지켜주는 그 옆의 용마산은
온달장군 타시던 말 그 용마 아니던가
하늘로 날아오르며 기염(氣焰)을 토하시네.

(2008. 5. 25)

한강의 노래

백두산이 아버지라면 한강은 어머니
길러주고 깨우쳐 주신 그 은혜 하해(河海) 같아
언제나 넉넉한 마음으로 넘쳐나는 한강물.

사람은 세월 가면 늙어지기 마련인데
한강은 남들 몰래 불로초(不老草) 잡수셨나
젊음이 솟구치듯이 푸른 물결 넘실댄다.

보고도 못 본 척하고 알고도 모른 척하는
어머니가 그랬듯이 말씀이 없으시고
하늘을 닮기 위하여 그 하늘 품고 산다.

(2008. 5. 29)

조지훈 문학관

영양골 주실마을에 문학의 꽃 만발했나
여기 가면 지훈 바람 저기 가면 문향(文香) 인다
하늘로 치솟은 솟대처럼
높아 뵈는 지훈문학관.

그 안에 전시된 책 지훈의 손때 묻고
그분이 살아있는 듯 유품에선 빛을 낸다
일월산 높은 봉처럼
우뚝 솟은 선비의 일생.

박목월, 박두진 선생 여기 함께 와 계신가
청사에 길이 빛날 전시실의 청록집에
유난히 밝은 햇살이
승무처럼 춤을 춘다.

(2008. 6. 19)

하동의 토지문학제

악양면 평사리에 큰 잔치가 벌어졌네
온 세상 문사(文士)들이 구름처럼 모여들고
시월의 푸른 하늘에 펄럭이는 토지 깃발

무대 위의 배우들은 소설 속의 주인공들
주고받는 대화마다 역사의 향기 난다
섬진강 흐르는 물처럼 이어져 갈 토지 정신.

당신이 살아 오셨나 문창성(文昌星)은 빛나고
추모시 낭송 소리가 가을밤을 적신다
최참판 명성만큼이나 올라가는 토지 마을.

(2008. 10. 21)

평화의 댐

한겨울 전방 초소 칼바람 쌩쌩 분다
이곳엔 봄이 와도 얼어붙는 화천 땅에
휴전선 남방 지키는 불굴의 용마(龍馬)부대.

겉으론 조용해도 안으로 용솟음치는
그 언제 터질지 모를 휴화산(休火山) 누워 있다
북으로 가는 구름도 넘지 못해 우는 철령(鐵嶺).

이름은 평화의 댐 실제론 물 막는 댐
포성은 멈췄어도 화약 냄새 진동한다
통일의 그날을 위해 지켜 섰는 간성(干城)이여.

(2009. 5. 21)

신륵사의 범종

잘 울면 값 오르고
못 울면 바보 되는

수렁에 빠진 것처럼
긴 잠에 빠졌다가

먹어야 사는 것처럼
울어야 사는 울보였다.

자비의 화신인 양
범종 소리 들려온다

자신 위해 울지 않고
남 위해 우는 천성

맞아야 정신 차리는
중생 위해 울고 있다.

(2010. 2. 3)

금산(金山) 선생 고희에

설악산 대청봉보다 더 험한 칠십 고개
구름도 쉬어 넘는 인생의 고희 마루
금산은 신발 끈 매고 넘을 준비 마쳤다.

옛날 선비 풍월 읊듯 시조도에 심취하고
가슴으로 먹을 갈아 비룡 같은 글씨 쓰고
대웅전 부처님처럼 미소 짓는 연습한다.

지나온 가시밭 길 구름처럼 아득해도
그 동안 쌓은 업적 높은 탑을 이루었다
그 옆의 노송(老松) 한 그루 유난히 눈길 끄네.

(2007. 2. 5)

'도덕국가' 창간에 부쳐

기미년 3·1절 때 모이셨던 선열처럼
나라 위한 원로님들 횃불 들고 일어섰다
삼천리 방방곡곡에 타오르는 정의의 불꽃.

대학에서, 정계에서 쌓아올린 높은 경륜
명의가 치료하듯 사회의 병(病) 고친다
만나는 얼굴마다에 떠오르는 보름달님.

나무로 치자며는 봉래산의 낙락장송
꽃이라 생각하면 늦가을의 들국화처럼
그 향기 온 누리에 번져 도덕국가 이루리라.

어머니의 뱃속에서 새 아기가 잉태하듯
'도덕국가' 창간호가 고고의 소리 낸다
그 탄생 축하하듯이 아침 햇살 넘실댄다.

(2006. 7. 18)

산목(散木) 선생 팔순(八旬)에

수많은 고개 넘고 다시 넘을 팔십 고개
어려운 고비마다 구름 가듯 잘 넘으시고
이제는 구십 고개 향하여 새 도전 실험한다.

공부를 좋아하여 신앙처럼 매달리고
배우고 가르치고 쌓아 오신 나이테가
어느새 금테가 되어 가을 햇살에 반짝인다.

아무리 놓고 싶어도 놓지 못한 시의 고개
오르고 오르다가 잠시 앞을 바라본다
정상에 꽂힌 깃발이 하늘 향해 춤을 추네.

(2008. 8. 5)

월하 리태극 문학관

화천읍 동촌리에
문창성(文昌星)이 빛난다

월하(月河)에 비친 별빛
네온처럼 반짝이고

쌓아 논 업적을 기려
후학(後學)들 몰려오네.

쓰시던 유품들은
보물처럼 대접 받고

손때 묻은 저서들은
살아서 숨 쉬는 듯

보는 이 가슴을 당겨
시조향(時調香)을 피운다.

(2010. 7. 25)

‘도덕국가’ 건설을 위하여
–창립 17주년에 부쳐

봉래산 산자락에 우뚝 섰는 소나무처럼
푸르고 싱싱한 영기 온 누리를 적신다
범종이 울려오듯이 울려오는 도덕국가 건설연합.

목마른 이들에게 생명수를 부어주고
갈 길 잃은 어린 양들 어둠 밝혀 안내한다
새아침 동해 바다에 솟아오를 햇님이여.

그 임이 태어난 지 십칠 세가 되신단다
온 가족 모여앉아 생일축하 노래 부른다
북소리 장구 소리에 춤을 추는 어르신들.

진군의 나팔 소리가 가까이서 들려온다
한 마음의 옷을 입고 도덕으로 무장하고
신발 끈 조여 매고서 나아가자 새 세상으로.

(2007. 6. 6)

만은(晩隱) 김종원 교장 정년퇴임에

경인년 지나가면 신묘년 새로 오듯
지난해 지던 잎이 새봄이면 다시 피듯
만은(晩隱)이 정년이란다 활짝 열릴 천통문이여.

교학(敎學)의 길 걸으며 몇 고개를 넘으셨나
씨 뿌리고 김 매주고 큰 수확 거둔 가을
그 가을 고개 넘으면 희망봉(希望峰) 앞에 선다.

시의 밭 시조 나무 가꾸시던 장인정신
우리 말 우리 글을 갈고 닦아 탑 이룬다
상청(常靑)의 높은 하늘에 발광체 반짝인다.

(2011. 1. 30)

느티나무를 보고

연무읍 고내리에 우뚝 솟은 느티나무
뿌리가 깊은 만큼 가지 많이 뻗었다
하늘을 지나는 구름 멈춰 서서 가지 않네.

비바람 몰아쳐도 의연히 섰는 모습
새들도 찾아와서 둥지 틀고 노래한다
베푸신 덕이 높아서 우듬지에 달이 떴네.

그러한 느티나무 닮으셨던 내산공(內山公)은
선행을 많이 해서 서방정토 가시었다
저물녘 범종 소리가 피안까지 들려온다.

(2008. 11. 19)

* 황곡 박영록 시조시인의 부친 내산 박종혁 선생

한국작가 작품선 · 56

한강변의 봄맞이

초판 1쇄 인쇄 | 2012년 6월 20일
초판 1쇄 발행 | 2012년 6월 25일

지은이 | 원 용 우
발행인 | 윤 영 희
주 간 | 이 은 별

발행처 | 도서출판 동행
출판등록 | 제2-4991호
주 소 | 서울시 중구 을지로 3가 302-18
난빌딩 303호
전 화 | 02-338-2734, 2285-0711
팩 스 | 02-338-2722

ISBN 978-89-94227-55-9 03810

정가 10,000원